अनकही

अंतर्मन की अभिव्यक्ति

निर्जरा वासणवाला

BookLeaf
Publishing

India | USA | UK

Made with ❤ on the BookLeaf Publishing Platform
www.bookleafpub.in
www.bookleafpub.com

Dedication

कविताओं की यह पत्रिका सभी अति-विचारकों (Overthinkers)
को समर्पित है,
जो अपने विचारों के अथाह सागर में गोते लगाते हैं।

यह एक हौसला है—
कि आपके विचार निरर्थक नहीं हैं,
बल्कि वे एक अद्भुत रचनात्मक रूप ले सकते हैं।
आप अपने भावों को कला में ढालकर
इस संसार को कुछ अनमोल लौटा सकते हैं।

— निर्जरा

Preface

एक नारी का अंतर्मन **विचारों, संवेदनाओं और आत्मावलोकन का असीमित खज़ाना** होता है। प्रेम और प्रश्न—इन दो पहलुओं ने मेरे अंतर्मन पर क्या प्रभाव डाला है, और मैंने इन्हें कविता के स्वरूप में कैसे ढाला है—यह निश्चित रूप से पाठकों के लिए रोचक होगा।

मैं मानती हूँ कि मेरी कविताओं में **संवाद** है—कभी स्वयं से, कभी समाज से, कभी प्रेमी से, तो कभी प्रकृति के उन अनछुए चेहरों से, जो मेरी अभिव्यक्ति का अभिन्न हिस्सा हैं। मेरी आत्मावलोकन शक्ति हर कविता में महसूस हो, इसका मैंने पूर्ण प्रयास किया है। साथ ही, **उर्दू शब्दों का प्रयोग भाषाओं को जोड़ने की दिशा में मेरा एक साहसिक प्रयास** है।

एक व्यक्ति एकांत में क्या सोचता है? **अपने ही मन में घर बसाता है, उसमें जीता है, महसूस करता है।** यही आत्मविश्लेषण मेरी युवावस्था की सोच के संदर्भ में आपको मेरी कविताओं में झलकेगा।

कहते हैं, **प्रेम पर लिखना सबसे सरल है**, परंतु मेरे लिए प्रेम को केवल लिखकर ही समझाया जा सकता है। किसी भी भावना की गहराई तक पहुँचने के लिए **एक उम्दा लेखन** आवश्यक होता है। मेरी यह पुस्तक आपको **भावनाओं की उस गहराई से परिचित कराने का एक प्रयास** है।

मैं सभी पाठकों से यह निवेदन करती हूँ कि **भले ही आप मेरी कविताओं को पूरी तरह समझें या नहीं, लेकिन इसे आत्मावलोकन**

और आत्मसुधार का एक बोध अवश्य मानें। क्योंकि आत्मसुधार वह प्रक्रिया है जो **अंतर्मन की होती है—उम्र, जाति या लिंग की सीमाओं से परे।**

— निर्जरा

Acknowledgements

मैं तकरीबन **नौ वर्षों** से कविताएँ और उद्धरण लिखती आ रही हूँ।

किंतु इन्हें कभी सार्वजनिक न करने का जो **अंतर्मन का बंधन** था, उसे तोड़ने का साहस यदि मैं **पिछले 1–2 वर्षों में जुटा पाई हूँ** तो उसका सम्पूर्ण श्रेय मैं **अपने उन निकटतम लोगों को देती हूँ,** जिन पर मैंने कविताएँ लिखीं और जिन्होंने **अत्यंत सौम्य ढंग से** उन्हें अपनाया।

इससे भी पहले, मैं **अपनी शाला के भाषा–शिक्षक** की हृदय से आभारी हूँ,
जिन्होंने मेरे भीतर छिपे इस **साहित्यिक कौशल** को पहचाना और मुझे प्रोत्साहित किया।
इन्हीं के समक्ष मैंने अपनी **स्वरचित प्रथम कविता** प्रस्तुत की थी।

आज यदि मैं **गुजराती, हिंदी और अंग्रेज़ी में कविताएँ** लिखने में सक्षम हूँ,
तो इसका श्रेय मैं **अपने समृद्ध शब्द–भंडार, सृजनशील परिजनों, वैविध्यपूर्ण मित्रमंडल और
सूचना के ख़ज़ाने—इंटरनेट को** देना चाहूँगी,
जिसने मेरी अभिव्यक्ति के दायरे को विस्तृत किया।

मैं समझती हूँ कि यह **सिर्फ एक शुरुआत** है,
परंतु **इस शुरुआत को एक माध्यम देने के लिए** मैं 'BookLeaf Publishing' की आभारी रहूँगी।

इस आशा के साथ कि भविष्य में **और भी उत्कृष्ट रचनाएँ सृजित कर आप तक पहुँचा सकूँ**,
 मैं **एक बार फिर सभी साथियों और प्रिय पाठकों** का आभार व्यक्त करती हूँ।

— **निर्जरा**

1. परिचय

मेरी कविता में गहरा संवाद है,

यह भारतवर्ष-सी आबाद है।
मेरी कविता में गहरा संवाद है।

कभी क्रोध अग्नि सम जले,
पर सुर के संग यह बह चले।

न कूटनीति, न कोई रूढ़िवाद है,
मेरी कविता में गहरा संवाद है।

अनूठी, अलबेली, यह सत्य सहज सँभाले,
सूर्य किरण को थामकर यह युग-युग के दिवस सँवारे।

न सिक्कों-सी बिकाऊ, न किसी विचार का प्रतिवाद है,
मेरी कविता में गहरा संवाद है।

2. और दरवाज़ा?

मेरे घर की छह दीवार हे ,
और दरवाज़ा? दरवाज़ा एक भी नहीं,
हाँ माना खिड़की बना सकते हे,
कूदके अंदर आ सकते हे
पर खुली खिड़की भी शोर तो करेगी ना ?
और बांध खिड़की से सिर्फ़ नज़ारे दिखेंगे
वेसे मन तो यही करता हे की सारी दीवार तोड़ दु
और प्रेम से वापस जोड़ दु
फिर ना बारिश की सीलन और ना धूप की दरार
क्यूकी अभी तो, मेरे घर की छह दीवार हे
और दरवाज़ा एक भी नही...

3. छह किरदार, छह कहानियाँ

पहली दीवार पहेली है
कभी बागों में बैठी सहेली है,
कभी चंचल, छोटी-सी गिलहरी है,
कभी रेगिस्तान की तेज़ दोपहरी है।
कभी अनमोल, अकेली, एकांत में पलती वो,
कभी रोचक राज़-सी शोर में निखरती वो।

दूसरी दीवार बिखरी सी है
जैसे बन गई दरारों को,
खुद से तराश रही हो।
जैसे ज़िंदगी ने उसको
बर्बादी की बात कही हो।
जैसे लफ़्ज़ों में लड़खड़ाते
शख़्स की आँखों की शरम,
जैसे हर पल जीवन से जूझता
वो जुगनू, जो अंधेरे से डरता हो।

तीसरी दीवार पर बहुत घाव हैं
खंडित, खोई, इसमें भावों का अभाव है।
कभी संघर्ष-सी सरल,
कभी मुस्कान-सी मुश्किल।
कभी कुछ ऐसा, जो बाँट सको,
कभी बचकाना, जिसे डाँट सको।

कभी घर की नींव-सा प्रभाव,
कभी समग्र ब्रह्मांड का दबाव।

चौथी दीवार पलटती है
लाजवंती-सी मचलती है।
जैसे राजयोग का गुणी से वरदान लिया हो,
जैसे चमकने और चहकने का ठान लिया हो।
जैसे संग्रहालय का वह शिथिल प्राणी,
जो स्वभाव से जटिल है।

अगली दीवार रंगीन है
कभी उत्सुक तो कभी ग़मगीन है।
कभी अतीत की गवाह-सी है,
कभी नए घाव की दवा-सी है।
कभी खुद को सबसे जोड़ती है,
कभी झट से नाता तोड़ती है।

छठी दीवार का एक राज़ है
दरवाज़ा बनाने की सबको इससे आस है।
स्थिर, गंभीर और नादानी का
इसमें अनोखा प्रास है।
जैसे शांत नदी के प्रवाह में
पत्थर मारकर उछलती जल-पांख।
जैसे आशाओं के भँवर को
एक आँसू से कुचलती आँख।

4. खोज़

मैं लापता, या यही अब मेरा पता?
मैं जानूं सब, या इतना ही मेरा सब बचा?
मैं मौन बन आंधी बनूं, या मौन मेरा विराम है?
मैं सिर्फ़ नारी, नारायण नहीं, और न ही बंध किसी ख़याल में,
मैं प्रतिबिंब हूँ उस सत्य का, जो कला के लिबास में है,
मैं सहज लिखती हूँ, वह आज मेरे अस्तित्व का प्रमाण है।

5. फ़र्ज़ी ख़त

तुमने जो ख़त लिखे थे,
वे सब फ़र्ज़ी थे।

तुम्हारे सारे दावे, सारे वादे, सब नकली थे।

न मैं मोम-सी सफेद हूँ,
न मैं तुम जैसी बेऐब हूँ।
न मेरी फूलों-सी अदा है,
न मुझसे कोई रज़ा है।
न मैं कोई प्रेरिका हूँ,
मैं तो सिर्फ़ तुम्हारी प्रेमिका हूँ।

तो लिखो ना, कि मैं साधारण हूँ!
लिखो ना, कि तुम्हें मेरी झुर्रियों में कुदरत की कलाकारी दिखती है,
जिसके तुम कद्रदान हो।
लिखो ना, कि मेरी आँखें बस आँखें हैं,
जिनकी हरकत तुम समझ लेते हो।

लिखो ना, कि तुम मुझमें प्रेरिका नहीं ढूँढ़ते,
बस ढूँढ़ते हो—
मुझे।
और लिखते हो सच —
न कि फ़र्ज़ी ख़त।

6. मैं लहर

किनारे पर जो शोर करे, वो लहरें कितनी गहरी होंगी!
ढलते सूरज की रोशनी में, ये कैसे रंग बदलती होंगी!
मैं सुन रही जो आवाज़ हूँ, वो क्या सबको इतनी भाती होगी?
मैं दिन-रात किनारे बैठ सकूँ,
क्या लहरें भी मुझे इतना प्यार करती होंगी!?
मैं लहर।

7. मेरा तुमसे रोज़ मिलना ज़रूरी है।

मेरा तुमसे रोज़ मिलना ज़रूरी है,

ताकि हर रोज़ मैं घर आ सकूँ,
और हर रोज़ मेरी सारी मशक्कत दूर हो जाए।

ताकि तुम्हें पाने का एहसास मैं भूल न जाऊँ,
और तुमसे दूर होने का दर्द चूर हो जाए।

ताकि मेरी रूह तुमसे जुड़ पाए,
और दुनिया की सारी शिकायतें मंसूख हो जाएँ।

मेरा तुमसे रोज़ मिलना ज़रूरी है,

उतना ज़रूरी जितना डूबते को तिनका,
उतना ज़रूरी जितना फ़सल को वर्षा,
उतना ज़रूरी जितना बातों को अर्थ।

और उसी अर्थ की सफल समझ के लिए,
मेरा तुमसे रोज़ मिलना ज़रूरी है।

8. ख़ौफ़ या ख़ुदा

अंदरों अंदर
हर मोड़ पे खड़ा,

ये वजूद की कश्ती,
संग मोड़ के चला।
तेज़ बहती दूर कहीं से,
जो बादल था, वो बूँद बना।

अंदरों अंदर
हर मोड़ पे खड़ा,

काली रातों में आँखें मूँद कर चला।
इस बार बह रहे हैं सपने,
रोशनी में जिन्हें घर ना मिला।

अंदरों अंदर
हर मोड़ पे खड़ा,

धागों का बक्सा लिए,
नए रंग जोड़ने चला।
बह रही थी उम्मीद की नींव,
बस बहना ही है उनकी कला।

अंदरों अंदर
हर मोड़ पे खड़ा,
ये ख़ौफ़ है या ख़ुदा,
मिले पता तो मुझे बता।

9. मायानगरी

कुछ आँखों में अचरज, कुछ में आस,
भीड़ में छुपाते चल रहे अपना राज़।

कहानी के किरदार हैं या कल्पनिक एहसास?
चेहरे दिखे, यादें दिखीं – रह गए बस अल्फ़ाज़।

इन हवाओं का अनोखापन आ रहा है रास,
लंबी रातों का ख़्वाब अब लग रहा है पास।

मायानगरी की पुकार, या घर से छूटी डोर;
खड़ी हूँ वापस आज – उसी समंदर के छोर।

विष की तरह ये संघर्ष-घूँट पी तो लिया है,
कभी मुख मोड़, घर वापस न जाना जिया है।

10. प्रकृति और मैं

केसरी संध्या, और पावन हेमंत था,
पक्षिवृंद की उड़ान से गगन जीवंत था।

यह पलक झपकते बदलते वृंद का आकार,
लग रहा दिशाओं का संकेत किसी प्रकार।

जब केसरिया यह रंग आँखों पर चढ़ा,
तब मन भी उन्नति की ओर बढ़ा।

और मैंने महसूस किए हैं ये पावन,
इन्हीं से स्फुरित है आज यह काव्य-वचन।

प्रकृति का मुझ पर है बड़ा प्रभाव,
इसीने निरीक्षण बना दिया मेरा स्वभाव।

यूँ ही निरर्थक ख़यालों में कैद,
मैं लिखती हूँ वो सब जो अब तक न हो अवैध।

11. इंसान ही तो है..

इंसान ही तो है,
आवाज़ देकर काम भूल जाते हैं।
इंसान ही तो है,
नाराज़गी का राज़ भूल जाते हैं।
इंसान ही तो है,
याद से संजोया क़ीमती साज़ भूल जाते हैं।
इंसान ही तो है,
रोज़ सुनाई देती आवाज़ भूल जाते हैं।
इंसान ही तो है,
आम होने का स्वाद भूल जाते हैं।
इंसान ही तो है,
दिल में छुपाकर ख़्वाब भूल जाते हैं।
इंसान ही तो है,
जो मन न भाए, वो बात भूल जाते हैं।
इंसान ही तो है,
कभी-कभी अपनेपन का एहसास भूल जाते हैं।
इंसान ही तो है..

12. दिल बच्चा है

दिल बच्चा है, दिमाग सच्चा है

दिल बच्चा है, दिमाग सच्चा है
घाट मन चाहा देते रहो, अभी तुम्हारा घड़ा कच्चा है।

ये बोली तो सुनी होगी, ये बातें भी बुनी होंगी,
नियमों के बंध में, कविता तुम्हें भी स्फुरी होगी।

कुछ चली होगी, कुछ मनचली होगी,
उद्यम छोड़ना सर्जक भाव की बलि होगी।

ये शक्ति है, इसे सींचो; ये बोध है, इसे बांटो,
अभिव्यक्ति की खोज कर, खुद को भीड़ से छांटो।

ख़ुद का लय, ख़ुद की गति जायज़ है,
ज़माने के ग़म में से क्या ही इनायत है?

तो ये लंबी सोच को छोड़ दो,
और आंखें बंद कर बोल दो कि—

दिल बच्चा है, दिमाग सच्चा है,
घाट मन चाहा देते रहो, अभी तुम्हारा घड़ा कच्चा है।

13. बिखरी पर सुंदर

मैं शोर में संगीत ढूंढती हूँ
और शांति का संगीत सुनती हूँ।
कभी जीवनी के सार-सी,
हर वाचा में बदलती हूँ।

कभी लिखूं, मिटाऊं भाग्य मेरा,
यूँ ही ढूंढ़ती रहूं अंधेरा।
प्रभात के इंतज़ार में
कहीं न कर सकूं बसेरा।

मैं किलोल में क्रांति ढूंढती हूँ,
और क्रोध की शांति चुनती हूँ।
कभी बीच बाज़ारी-सी,
हर वक्त चौखट को तरसती हूँ।

कभी बेदर्द दिल पे मरहम-सी,
यूँ ही बेबाक बन बैठी हसीना।
कभी उठ न सके वो गर्दन-सी,
कहीं भी मेरी बस्ती सजी ना।

14. एकांत में झरना

उपवन खाली, प्यारा सा झरना
तैरते वक़्त ज़रा सा संभलना।

झरना काफ़ी गहरा है,
झरने को इंद्रधनुष का पहरा है।
आस-पास जो हरा है,
वो जैसे रास्ता दिया खड़ा है।

ये झरने में डूब के जाना,
तो मिलेगा; झील के भीतर का ख़ज़ाना।
एक बूँद भी संग ले चलो तो,
उसे पानी में वापस न बहाना।

क्यों?
क्योंकि झरने का ये अंदाज़ है,
जो बोया, वो हमेशा उसके साथ है।
जो खोया, वो खोकर भी उसके पास है।

तो बस इतनी बात साथ लिया चलना,
कि तैरते वक़्त ज़रा सा संभलना।

15. कलम की कला

जब मन में वर्षा है,
तो जग सारा चित्रपट।

तो उठाओ क़लम या पिच्छी,
और रंग दो जग, लिख अपनी अभिव्यक्ति।

क्योंकि कला ही तो माध्यम है,
कला से ही तो सार साध्य है।
कला से ही कल है,
कला है तो दूर विकल है।

तो दो ना अपनी वर्षा को स्वरूप,
और रचो अनोखे वसंत के रूप।
न तृप्त होने देना रचना की ये प्यास,
तभी निखरेगा तुम्हारे अंदर छुपा 'व्यास'।

16. अजनबी आला

क्या तुमने कभी अजनबी से संवाद किया है?
जैसे अभी मुझसे कर रहे हो।
मेरी रचना समझ रहे हो —
क्या ऐसे ही किसी अजनबी को समझा है?

अब तुम कहोगे, "क्या है ज़रूरत?"
कृपया पास आओ, उसके जो है हक़ीक़त।
अजनबी डरावना है, अजनबी से अविश्वास है।
अजनबी दूर ही अच्छा — क्या पता कौन सच्चा!

पर मुझे तो अजनबी को मुस्कुराना पसंद है,
जैसे विश्व-शांति में वो मेरा भाग हो।
मुझे उनसे लंबा संवाद पसंद है,
जैसे मैंने ढूँढा कोई नया राग हो।
मुझे उनकी बातों से कहानियाँ निचोड़ना पसंद है,
जैसे पकड़ लूँ कुछ ज्ञान के मोती
और पिरोऊं मेरी विजय-माला।

और उसी संवाद से किसी दिन मिले,
मुझे हमारी कविता आला।

तो बताओ,
अब संवाद करोगे ना?
थोड़ा मुझसे बनोगे ना?

17. सौम्य सखी

उसने मेरी कल्पना को अपनाया,
मेरी कविताओं पे मुस्कुराया।
उस पे कैसे न लिखूँ,
जिसने मुझे लिखना सिखाया।

गहराइयों में डूबना
बेशक मेरा स्वभाव है,
तट पे ही विशाल सोचती वो—
उसमें कड़वाहट का अभाव है।

वो अद्भुत रचनाएँ पढ़ती है,
वो सुंदरता से आगे बढ़ती है।
केवल लिखना नहीं,
उसने मुझे दिखना सिखाया।

मेरे शोर को शांति से भरती वो,
गरिमा से 'दिव्या' बनती वो।
छोटे प्रयासों से पिघलती,
उसने मुझे जीना सिखाया।

मगर अब ये सिलसिला लंबा है,
मुझे उसकी जीत पर उछलना है।
विचारों को व्याकरण से लय देती,
अब मुझे सिर्फ़ उससी सखी बनना है।

18. पुकार

मुझे जकड़ा है विचारों के तूफ़ान ने,
मुझे कंधा दो।
सामने से न दिखे, ना सही,
मुझे सिर्फ़ वापस आने की संज्ञा दो,
मुझे कंधा दो।

हाँ, मैं फिरती हूँ मौन,
मेरे मुख पर नहीं कोई प्रकाश।
थोड़ा वक़्त दो मेरे भीतर की झंझा को,
मुझे कंधा दो।

मुझे बिखरने का कारण मत पूछो,
बस आँखों से करना बात।
बैठकर निकट,
बस मौन रहना सारी रात।
मेरे आँसुओं में न ढूँढो गंगा को,
बस बिछा दो मुझ पर कंथा को,
मुझे कंधा दो।

19. हमराज़ पड़ोसी

चिड़चिड़ापन मेरा पड़ोसी है
दिन भर उसने शिकायतें परोसी हैं।

जितना दूर जाऊँ, वो भागकर पकड़ ले,
मुख पर हँस देती है,
और पीछे से जकड़ ले।

ये पड़ोसी नहीं, बेताल है,
मेरे विक्रम का ये विनाश है।
मैं जितना छुपाऊँ क्रोध को,
ये उससे ज़्यादा मुझसे निराश है।

मैं जानती हूँ सत्य सब,
पर फिर भी न बदलूँ अपना कल।
पड़ोस का जो प्रपंच है,
छुपाना नहीं है अब कोई हल।

तो इसके बारे में बात करूँ,
मैं सबसे ये फ़रियाद करूँ।

चिड़चिड़ को मैं अब छोड़ती नहीं,
वो मुझसे नाता तोड़ती नहीं।
ये बंधन जैसे दो रूठी बहनें,
चुप्पी से उन्हें बड़े क्लेश हैं कहने।

बातों का अब नहीं है विकल्प,
और नाते का ये अटूट संकल्प।

अंतर्मन से पूछो तो,
मेरे पड़ोसी से मुझे लगाव है,
ये मेरे बचपन की सौगात है।

मुझे चिड़चिड़ करने दो,
शायद यही मेरा हमराज़ है।

20. डूबते सितारे

यह बीसवीं का दौर है,
यहाँ मृगतृष्णा चारों ओर है।

कहीं झूठे चेहरों पर लाली,
कहीं काला बना नया गुलाबी।
कहीं चाल-ढाल में छल,
कहीं चैन नहीं एक भी पल।

कोई रातों में ग़मगीन,
कोई दिखावे का शौकीन।
कोई समझे — 'अहं ब्रह्मास्मि',
कोई न जाने — खुद का प्रकाश भी।

सफेद झूठ, काला सच,
ऊपरी दुनिया में पीढ़ी व्यस्त।
जब ज़मीन से फिर से जुड़ें,
तब मैं मानूं — रब हैं खड़े।

तब तक तो —
यह बीसवीं का दौर है,
यहाँ मृगतृष्णा चारों ओर है।

21. अनकही

जो छूट गईं वो सारी बातें,
जो छोड़ दीं वो सारी यादें।

जो बन न सके वो सारे रिश्ते,
जैसे स्व-खोज को चुकाती किश्तें।

प्रेम में लालसा की स्वीकृति से ,
जैसे परिचय मेरा प्रकृति से।

जैसे घर की दीवारों पे मेरा प्रहार,
जैसे बालक दिल की मासूम पुकार।

जैसे अंदरों अंदर ख़ुदा को आवाज़,
जैसे माया-नगरी में सुलझा रही राज़।

जैसे शांत झरने पे आत्मावलोकन,
जैसे बिखरे का कलम से सुंदर प्रयोजन।

ये सब जो अनकहा है, वो यहाँ है,
जो समझो — वो तुम्हारा आईना है।

www.ingramcontent.com/pod-product-compliance
Lightning Source LLC
LaVergne TN
LVHW010023200726

843495LV00015B/1893